Rezeptübersicht

Die Nährwertberechnung erfolgte nach dem Bundeslebensmittelschlüssel, sowie den Packungsangaben der Hersteller.

6
Gläser

Pro Glas: 379 kcal | 23 g KH
7 g EW | 29 g Fett

Baileysparfait
mit Zimtsahne

Hinweis
Am Vortag zubereiten!

Zutaten Parfait:

100 g	Zucker
1	Vanilleschote
200 g	Sahne
2	Eier
4	Eigelb
1 Prise	Salz
200 g	Kaffee-Sahne-Likör (z.B. Baileys)
1 EL	dunkler Rum

Zimtsahne:

200g	Sahne
1 EL	Vanillezucker
½ TL	Zimt

Deko: Schokoraspeln

Zubereitung:

1. Zucker und Vanilleschote im Mixtopf **10 Sek./Stufe 10** pulverisieren. Umfüllen. **Rühraufsatz einsetzen.** Sahne auf **Stufe 3** steif schlagen. Umfüllen und **Rühraufsatz entfernen.**

2. Eier, Eigelb, pulverisierten Zucker und Salz in den Mixtopf geben und **1 Min./Stufe 4,5** cremig rühren. Baileys und Rum dazugeben und weitere **2 Min./Stufe 4,5** schaumig rühren.

3. Die geschlagene Sahne dazugeben und **10 Sek./Stufe 3** verrühren. Masse auf die Dessertgläser aufteilen. Parfait muss über Nacht gefrieren. Ca. 10 Min. vor dem Servieren aus dem Gefrierfach nehmen.

4. Für die Zimtsahne, **Rühraufsatz einsetzen.** Sahne, Vanillezucker und Zimt auf **Stufe 3** steif schlagen. Auf die Gläser verteilen und mit Schokoraspeln bestreuen.

Zubereitungszeit: ca. 10 Min.
\+ vor dem Servieren ca. 5 Min.

Schwierigkeitsgrad: einfach

Pro Glas: 157 kcal | 33 g KH
2 g EW | 1 g Fett

6 Gläser

Zwetschgen-Eisschaum

mit Spekulatiusbröseln

Zutaten:

20 g	Spekulatius
140 g	Zucker
500 g	Zwetschgen, gefroren
10 g	Balsamicoessig, hell
1	Eiweiß
30 g	Orangensaft
½ TL	Zimt

Zubereitung:

1. Spekulatius in groben Stücken in den Mixtopf geben und **2 Sek./Stufe 5** grob zerkleinern. Umfüllen und Mixtopf spülen.

2. Zucker **10 Sek./Stufe 10** pulverisieren und nach unten schieben. Alle restlichen Zutaten in den Mixtopf geben und mithilfe des Spatels **40 Sek./Stufe 5** zerkleinern.

3. **Rühraufsatz einsetzen** und **3 Min./Stufe 3,5** aufschlagen. Sofort in Dessertgläschen füllen. Spekulatiusbrösel darauf verteilen und servieren.

Zubereitungszeit: ca. 5 Min.
Schwierigkeitsgrad: einfach

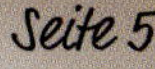

6 Gläser

Pro Glas: 307 kcal | 35 g KH
10 g EW | 12 g Fett

Heidelbeer-Crunch

mit Spekulatius

Zutaten:

300 g	Heidelbeeren
25 g	brauner Zucker
100 g	Baiser
100 g	Spekulatius
300 g	Naturjoghurt, 3,5%
300 g	Quark, 40%
20 g	Amaretto*

* alternativ 20 g Milch und 2-3 Tr. Bittermandelaroma

Deko: einige Heidelbeeren

Zubereitung:

1. Heidelbeeren waschen und gut abtropfen lassen. Mit Zucker in eine Schüssel geben und verrühren.

2. Baiser und Spekulatius in den Mixtopf geben und **4 Sek./Stufe 5** grob zerkleinern. Die Hälfte davon herausnehmen und auf 6 Gläser verteilen.

3. Zu der anderen Hälfte Joghurt, Quark und Amaretto geben und **20 Sek./ ⟲ /Stufe 3** vermengen.

4. Die Hälfte der Heidelbeeren auf die Gläser verteilen und mit der Hälfte der Creme bedecken. Das Ganze wiederholen, und mit den Heidelbeeren dekorieren.

Tipp
Schmeckt auch mit Amarettini oder Karamellgebäck!

Zubereitungszeit: ca. 15 Min.
Schwierigkeitsgrad: einfach

Pro Glas: 388 kcal | 42 g KH
6 g EW | 22 g Fett

Schneegestöber

mit Physalis

4 Gläser

Zutaten:

100 g	Baiser
30 g	Zucker
⅓	Vanilleschote
200 g	Schlagsahne
1 P.	Sahnesteif
200 g	Rahmjoghurt
250 g	Physalis

Deko: 4 Physalis

Zubereitung:

1. Baiser im Mixtopf **4-5 Sek./Stufe 5** zerkleinern (variiert nach der Größe der Baisers). Umfüllen.

2. Zucker und Vanilleschote in den Mixtopf geben und **10 Sek./Stufe 10** pulverisieren. Mit dem Spatel Richtung Boden schieben. **Rühraufsatz einsetzen.** Schlagsahne mit Sahnesteif dazugeben, auf **Stufe 3** steif schlagen. **Rühraufsatz entfernen.** Joghurt zugeben und **20 Sek./Stufe 4** verrühren. Umfüllen und Mixtopf spülen.

3. Vier Physalis für die Dekoration zur Seite legen. Restliche Physalis aus der Hülle lösen, in den Mixtopf geben und **10 Sek./Stufe 4** zerkleinern. Physalis-Püree in ein feines Sieb geben und abtropfen lassen.

4. Die Hälfte des Baisers in Gläser schichten. Die andere Hälfte in den Mixtopf geben, die Joghurtsahne hinzufügen und **4 Sek./ ⟲ /Stufe 1** vermengen.

5. Pysalis-Püree auf das Baiser geben und mit der Baisersahne abschließen. Mit einer Physalis dekorieren.

Zubereitungszeit: ca. 20 Min.
Schwierigkeitsgrad: einfach

4 Gläser

Pro Glas: 502 kcal | 43 g KH
9 g EW | 32 g Fett

Schoko-Cheesecake

mit Vanillekipferl

Zutaten:

130 g	Vanillekipferl
300 g	Doppelrahm-Frischkäse
100 g	Joghurt, 3,5%
50 g	Zucker
1 P.	Vanillezucker
10 g	Backkakao
40 g	Nuss-Nougat-Creme

Deko: Vanillekipferl

Zubereitung:

1. 80 g Vanillekipferl in den Mixtopf geben und **5 Sek./Stufe 10** zerkleinern. Auf 4 Gläser verteilen und leicht andrücken.

2. Für die Creme 50 g Vanillekipferl **4 Sek./Stufe 10** pulverisieren. Restliche Zutaten dazugeben und **15 Sek./Stufe 3** vermengen.

3. Schokocreme auf den Kipferlboden geben, mit den restlichen Vanillekipferl dekorieren.

Zubereitungszeit: ca. 5 Min.
Schwierigkeitsgrad: einfach

Pro Glas: 506 kcal | 40 g KH
14 g EW | 32 g Fett

Toffifee-Cheesecake

mit Keksboden

4 Gläser

Hinweis
Toffifee vorher einfrieren!

Zutaten:

75 g	dunkle Kekse (z.B. Schoko-Makronen, Double Choc Cookie Chips)
11	Toffifee, gefroren (ca. 85 g)
250 g	Quark, 40%
300 g	Doppelrahm-Frischkäse
35 g	Zucker

Deko: Toffifee

Zubereitungszeit: ca. 5 Min.
Schwierigkeitsgrad: einfach

Zubereitung:

1. Kekse im Mixtopf **7 Sek./Stufe 10** mahlen und in die Gläser füllen. Leicht andrücken.

2. Gefrorene Toffifee im Mixtopf **10 Sek./Stufe 10** zerkleinern, restliche Zutaten zugeben und **10 Sek./Stufe 3** vermengen. Creme auf die Kekse verteilen und mit Toffifee garnieren.

4 Gläser

Pro Glas: 395 kcal | 30 g KH
10 g EW | 26 g Fett

Zimtstern-Cheesecake
mit Mandarinen

Zutaten:

125 g	Zimtsterne
1 Dose	Mandarin-Orangen (Abtr.gew. 175 g)
300 g	Frischkäse
150 g	Naturjoghurt, 3,5%
1 TL	Orangenschalenabrieb
20 g	Vanillezucker

Zubereitung:

1. Zimtsterne in den Mixtopf geben und **10 Sek./Stufe 10** pulverisieren. Umfüllen. ⅔ davon auf 4 Gläser verteilen und leicht andrücken. Mandarin-Orangen abtropfen lassen und einen Teil auf die Brösel geben (pro Glas ein Mandarin-Orangenfilet für die Deko aufheben).

2. Restliche Zutaten in den Mixtopf geben und **7 Sek./Stufe 3** vermengen. Die Hälfte davon auf die Mandarin-Orangen-Schicht geben. Schichtungen wiederholen, mit Bröseln abschließen und mit Mandarin-Orangenfilet dekorieren.

Zubereitungszeit: ca. 10 Min.
Schwierigkeitsgrad: einfach

Pro Glas: 428 kcal | 38 g KH
10 g EW | 26 g Fett

4 Gläser

Pflaumen Schichtdessert

Zutaten:

200 g	Pflaumen (Glas)
150 g	Glühwein*
1 geh. EL	Speisestärke
1 EL	Zucker

Für die Creme:

250 g	Mascarpone
250 g	Quark, 40%
2 EL	Honig
½	Vanilleschote, Mark davon
1	Bio-Orange, Schalenabrieb davon

Knusperschicht:

130 g	Zimtsterne

Deko: 4 Zimtsterne

* alkoholfreie Variante: Saft der abgesiebten Pflaumen oder Kinderpunsch.

Zubereitung:

1. Pflaumen abtropfen lassen, der Saft* wird für das Rezept nicht benötigt.

2. Glühwein, Speisestärke und Zucker im Mixtopf **4 Min./100°C/Stufe 3** aufkochen. Pflaumen zugeben und **1 Min./100°C/ ⟲ /Stufe 1** vermischen. Umfüllen und abkühlen lassen. Mixtopf spülen.

3. Nun die Zimtsterne **3 Sek./Stufe 5** zerkleinern. Umfüllen. Zutaten für die Creme im Mixtopf **30 Sek./Stufe 4** vermengen.

4. Die abgekühlte Pflaumenmasse auf die Gläser verteilen, ⅔ der Zimtsternbrösel darauf geben und mit der Creme bedecken. Restliche Brösel darauf streuen und einen Zimtstern zur Dekoration in die Mitte platzieren.

Tipp

Pflaumen können schon einen Tag früher zubereitet werden. Sie kühlen schneller über einem kalten Wasserbad ab.

Zubereitungszeit: 10 Min. + Kühlzeit
Schwierigkeitsgrad: einfach

6
Gläser

Pro Glas: 375 kcal | 46 g KH
12 g EW | 14 g Fett

Domino-Trauben Trifle

Zutaten Traubenkompott:

400 g	rote Trauben, kernlos
100 g	Rotwein*
1 TL	brauner Zucker
½ TL	Zimt
1 TL	Speisestärke

Vanille-Ricotta-Creme:

250 g	Ricotta
250 g	Quark, 20%
50 g	Honig
1 P.	Vanillezucker
230 g	Dominosteine

Zubereitung:

1. Trauben waschen und längs halbieren. Alle Zutaten für das Kompott in den Mixtopf geben und **8 Min./100°C/ ↺ /Sanftrührstufe** zu einem Kompott kochen. Umfüllen und abkühlen lassen. Mixtopf muss nicht gespült werden.

2. Alle Zutaten für die Creme in den Mixtopf geben und **20 Sek./Stufe 3** verrühren.

3. Dominosteine in Scheiben schneiden. Die Hälfte davon auf 6 Dessertgläser verteilen. Mit dem abgekühlten Kompott bedecken.

4. Creme auf das Traubenkompott füllen und den Vorgang wiederholen. Mit Traubenkompott und zwei Scheiben Dominostein dekorieren.

Zubereitungszeit: ca. 10 Min.
Schwierigkeitsgrad: einfach

* alkoholfreie Variante:
roter Traubensaft

Pro Glas: 419 kcal | 27 g KH
13 g EW | 28 g Fett

Spekulatius Trifle

6 Gläser

Zutaten:

200 g	Himbeeren, TK
1 EL	Vanillezucker
1	Bio-Orange, Schalenabrieb und 2 EL Saft davon
16	Spekulatius (110 g)
50 g	Zucker
350 g	Magerquark
350 g	Mascarpone
1 gestr. TL Zimt	

Deko: je 1 Himbeere, Kakaopulver, Minzblatt

Zubereitung:

1. Sechs Himbeeren zur Seite legen und für die spätere Dekoration auftauen lassen. Gefrorene Himbeeren mit Vanillezucker in einer Schüssel vermengen. Die Schale der Orange fein abreiben und 2 EL Saft auspressen.

2. Spekulatius **4 Sek./Stufe 5** zerkleinern. Auf 6 Gläser verteilen. Himbeeren darauf geben. Zucker **10 Sek./Stufe 10** pulverisieren und mit dem Spatel Richtung Topfboden schieben.

3. Orangenschalenabrieb, Orangensaft, Quark, Mascarpone und Zimt zugeben, **30 Sek./Stufe 4** verrühren.

4. Creme auf den Himbeeren verteilen und mit etwas Kakaopulver bestäuben. Desserts mit Himbeeren und Minze dekorieren.

Zubereitungszeit: ca. 10 Min.
Schwierigkeitsgrad: einfach

6 Gläser

Pro Glas: 468 kcal | 32 g KH
9 g EW | 33 g Fett

Bratapfel-Walnuss Knusper

Zutaten Bratapfelmus:

400 g	Äpfel, geschält, in Stücken
50 g	brauner Zucker
1 TL	Zimt
½ TL	Lebkuchengewürz
60 g	Weißwein*
50 g	Marzipan-Rohmasse

*alkoholfreie Variante: Apfelsaft

Walnuss-Karamell:

30 g	harte Karamellbonbons (z.B. Werters Echte)
120 g	Walnusskerne
2 EL	Sahne

Für die Creme:

200 g	Sahne
3 EL	Vanillezucker
250g	Ricotta

Zubereitung:

1. Alle Mus-Zutaten in den Mixtopf geben und **11 Min./100°C/Stufe 1** aufkochen. Anschließend **20 Sek./Stufe 5** pürieren. Umfüllen und kalt stellen. Mixtopf spülen.

2. Karamell-Bonbons **20 Sek./Stufe 10** zerkleinern. Walnüsse zugeben und **3-4 Sek./Stufe 4** hacken. Sahne zugeben, **5 Min./ ⟲ /100°C/Stufe 1** „karamellisieren". Auf eine Frischhaltefolie geben, etwas platt drücken und abkühlen lassen (nicht im Kühlschrank). Mixtopf spülen.

3. **Rühraufsatz einsetzen.** Sahne auf **Stufe 3** steif schlagen. Restliche Zutaten für die Creme zugeben und **10 Sek./Stufe 3** vermengen. Umfüllen und kalt stellen.

4. In die Gläser schichten: die Hälfte der Creme, Bratapfelmus, ⅔ Walnuss-Karamell, restliche Creme. Mit Zimt und Walnuss-Karamell dekorieren.

Zubereitungszeit: 40 Min.
Schwierigkeitsgrad: mittel

Pro Glas: 528 kcal | 23 g KH
16 g EW | 41 g Fett

Knuspriger Erdnuss-Spaß

4 Gläser

Zutaten:

90 g	Nussriegel (z.B. Corny Nussvoll)
250 g	Doppelrahm-Frischkäse
120 g	cremige Erdnussbutter
2 EL	Vanillezucker
60 g	Crème fraîche
120 g	Joghurt 3,5%

Deko: Kakaopulver & Nussriegelstücke

Zubereitung:

1. Nussriegel mit einem Messer grob hacken und in die Gläser verteilen. Ein paar Stücke zur Seite legen für die Dekoration.
2. Restliche Zutaten in den Mixtopf geben und **20 Sek./Stufe 4** verrühren und auf die Nussstücke geben.
3. Mit Kakaopulver bestäuben und mit den restlichen Nussstücken dekorieren.

Zubereitungszeit: ca. 5 Min.
Schwierigkeitsgrad: einfach

Pro Glas: 512 kcal | 34 g KH
15 g EW | 34 g Fett

Heidelbeer-Panna cotta

mit gebrannten Mandeln

Zutaten:

350 g	Heidelbeeren, TK
70 g	schwarzer Johannisbeersaft
300 g	Sahne
50 g	Zucker
1 P.	Vanillezucker
40 g	Sofortgelatine

Deko: gebrannte Mandeln

Zubereitung:

1. Heidelbeeren im Mixtopf **7 Sek./Stufe 8** pürieren. 100 g zum Garnieren umfüllen und in den Kühlschrank geben. Restliche Masse ca. 1 Std. antauen lassen.

2. Alle Zutaten (außer Sofortgelatine) zu den Heidelbeeren in den Mixtopf geben und **40 Sek./Stufe 3** verrühren. Dabei Sofortgelatine durch die Deckelöffnung einrieseln lassen. In vier Dessertgläser umfüllen und mind. 3 Std. kalt stellen.

3. Vor dem Servieren: Heidelbeerpüree auf die Panna cotta geben. Gebrannte Mandeln grob hacken und auf dem Püree anrichten.

Auftauzeit: ca. 1 Std.
Zubereitungszeit: 5 Min. + Kühlzeit
Schwierigkeitsgrad: einfach

Pro Glas: 370 kcal | 32 g KH
7 g EW | 24 g Fett

8 Gläser

Nougat-Lebkuchen Panna cotta

Zutaten Panna cotta:

100 g	Nougat, schnittfest, in Stücken
300 g	Sahne
1 P.	Vanillezucker
70 g	Zucker
240 g	Milch, 1,5%
1 TL	Lebkuchengewürz
30 g	Sofortgelatine (1 Btl.)

Kirschsoße:

1 Glas	Schattenmorellen (Abtr.gew. 175 g)
1 EL	Speisestärke

Deko: 200 g Sahne & Schokoraspeln

Zubereitungszeit: ca. 10 Min. + Kühlzeit
Schwierigkeitsgrad: einfach

Zubereitung:

1. Für das Panna cotta: Nougat im Mixtopf **7 Sek./Stufe 7** zerkleinern, alles mit dem Spatel nach unten schieben. 200 g Sahne, Vanillezucker und Zucker zugeben, **3 Min./50°C/Stufe 3** schmelzen.

2. Restliche Sahne, Milch und Lebkuchengewürz zugeben und **40 Sek./Stufe 3** verrühren. Dabei die Sofortgelatine einrieseln lassen. Masse in Gläser füllen und ca. 3 Std. kühl stellen. Mixtopf spülen.

3. Kirschen abtropfen lassen, dabei den Saft (180 g) auffangen. Kirschsaft mit der Stärke in den Mixtopf geben und **4 Min./90°C/Stufe 2** aufkochen. Kirschen zugeben und **3 Min./90°C/ ↺ /Stufe 1** vermengen. Umfüllen und abkühlen lassen.

4. Kurz vor dem Servieren Kirschsoße auf das Panna cotta geben. **Rühraufsatz einsetzen.** Sahne auf **Stufe 3** steif schlagen und auf die Gläser verteilen. Mit ein paar Schokoraspeln bestreuen.

6 Gläser

Pro Glas: 364 kcal | 30 g KH
9 g EW | 20 g Fett

Bratapfel Tiramisu

Zutaten:

4 Stangen	Löffelbisquits (35g) oder andere Kekse
2 EL	Calvados (o. Apfelsaft)
200 g	Äpfel, entkernt, geschält
2 EL	brauner Zucker
100 g	Weißwein*
1 EL	Zitronensaft
3 TL	Speisestärke
1 TL	Lebkuchengewürz

Für die Creme:

150 g	Mascarpone
250 g	Quark, 40%
150 g	griech. Joghurt
20 g	Zucker
1 EL	Vanillezucker

Zubereitung:

1. Löffelbisquitstangen mit dem Messer grob hacken und auf die Gläser verteilen. Mit Calvados tränken.

2. Äpfel geviertelt in den Mixtopf geben und **4 Sek./Stufe 4** zerkleinern. Zucker, Wein, Zitronensaft, Stärke und Lebkuchengewürz zugeben und **7 Min./80°C/ ↺ /Stufe 1** erhitzen. Umfüllen und etwas abkühlen lassen. Mixtopf spülen.

3. Zutaten für die Creme im Mixtopf **20 Sek./Stufe 4** vermengen. Das abgekühlte Kompott auf die Löffelbisquits geben, mit Creme abschließen. Mit Zimt und Kakaopulver bestäuben, mit Mandelblättchen garnieren.

Deko: Kakaopulver & Zimt zum Bestäuben
30 g Mandelblättchen, geröstet

*alkoholfreie Variante: Apfelsaftschorle

Zubereitungszeit: 25 Min.
Schwierigkeitsgrad: einfach

Pro Glas: 329 kcal | 31 g KH
15 g EW | 13 g Fett

Stollen Tiramisu

6 Gläser

Zutaten:

250 g	Weihnachtsstollen
3 EL	Amaretto*
120 g	Espresso
2	Eier
30 g	Zucker
500 g	Quark, 20%
1 EL	Honig
1 gestr. TL	Zimt
1 TL	Orangenschalenabrieb

Deko:

etwas Orangenschalenabrieb oder Kakao

*alkoholfreie Variante: 3 EL Milch + ein paar Tr. Bittermandel-Aroma

Zubereitung:

1. Stollen in Würfel schneiden, mit Amaretto und Espresso tränken und in die Gläser füllen.
2. **Rühraufsatz einsetzen.** Eier und Zucker **4 Min./40°C/Stufe 3,5** rühren. **Rühraufsatz entfernen.**
3. Quark, Honig, Zimt und Orangenschalenabrieb zugeben und **20 Sek./Stufe 4** verrühren. Quarkcreme auf die Stollenwürfel geben. Mind. 2 Std. kalt stellen.
4. Vor dem Servieren mit Orangenschalenabrieb bestreuen.

Zubereitungszeit: ca. 15 Min. | *Schwierigkeitsgrad:* einfach

6 Gläser

Pro Glas: 422 kcal | 23 g KH
11 g EW | 32 g Fett

Marzipan Nougat-Mousse

Zutaten:

4	Eier (Gr. M)
1 Pr.	Salz
70 g	Zucker
1 Pk.	Vanillezucker
200 g	Sahne
80 g	Marzipan-Rohmasse
40 g	Nougat, schnittfest
80 g	weiche Butter
20 g	Sofortgelatine

Deko: Krokantsplitter oder Mandelstifte

Zubereitung:

1. Eier trennen. **Rühraufsatz einsetzen.** Eiweiß mit Salz **3 Min./Stufe 3** steif schlagen, nach ca. 30 Sek. 4 EL Zucker vom Deckel einrieseln lassen. **Rühraufsatz entfernen.** Umfüllen und kalt stellen. Mixtopf spülen.

2. Eigelb mit restlichem Zucker und Vanillezucker **6 Min./70°C/Stufe 3,5** schaumig schlagen. Umfüllen. In einem kalten Wasserbad abkühlen lassen. Mixtopf spülen.

3. **Rühraufsatz einsetzen.** Sahne auf **Stufe 3** steif schlagen und zum Eischnee umfüllen. Nougat und Marzipan **8 Sek./Stufe 5** vermengen. Abgekühltes Eigelb und Butter zugeben und **45 Sek./Stufe 3** verrühren. Dabei Gelatine durch den Mixtopfdeckel zugeben.

4. Masse zum Eischnee geben und mit einem Schneebesen unterrühren. In die Gläser füllen und mind. 4 Std. kalt stellen. Vor dem Servieren mit Krokant dekorieren.

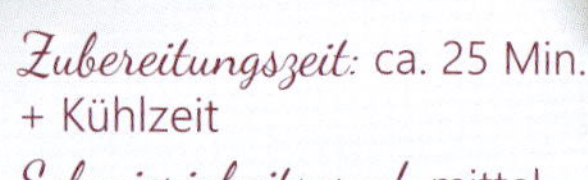

Zubereitungszeit: ca. 25 Min. + Kühlzeit

Schwierigkeitsgrad: mittel

Pro Glas: 379 kcal | 22 g KH
6 g EW | 31 g Fett

Giotto-Nougat Pudding

Hinweis
Giotto-Kugeln müssen 5 Std. vorher gefroren werden!

6 Gläser

Zutaten:

40 g	Zucker
⅓	Vanilleschote
100 g	Giotto-Kugeln, 5 Std. vorher einfrieren
300 g	Milch, 1,5%
200 g	Sahne
50 g	Nougat, schnittfest
35 g	Speisestärke
100 g	Mascarpone

Deko: 200 g Sahne
4 Giotto-Kugeln

Zubereitung:

1. Zucker und Vanilleschote im Mixtopf **20 Sek./Stufe 10** pulverisieren. Alles mit dem Spatel nach unten schieben. Giotto-Kugeln dazugeben und **8 Sek./Stufe 10** zerkleinern.

2. Milch, Sahne und Nougat in Stücken zugeben und **4 Min./100°C/Stufe 1** erhitzen. **Rühraufsatz einsetzen.** Stärke dazugeben und **5 Min./100°C/Stufe 3** aufkochen. **Rühraufsatz entfernen.**

3. Pudding im Mixtopf ca. 30 Min. abkühlen lassen. (Deckel dabei abnehmen). Mascarpone zugeben und **15 Sek./Stufe 4** unterrühren. Schokopudding in die Gläser füllen, abkühlen lassen und kalt stellen. Mixtopf spülen.

4. Vor dem Servieren Sahne schlagen. **Rühraufsatz einsetzen.** Sahne einfüllen und auf **Stufe 3** steif schlagen. Sahne auf den Pudding geben und eine Giotto-Kugel darauf setzen.

Zubereitungszeit: 15 Min. + 30 Min. Kühlzeit
Schwierigkeitsgrad: einfach

6 Gläser

Pro Glas: 402 kcal | 22 g KH
13 g EW | 29 g Fett

Mohn-Marzipan-Creme

mit Granatapfelsoße

Zutaten Granatapfelsoße:

1 gr. Granatapfel
2 TL Zucker
1 gestr. TL Speisestärke

Mohn-Marzipan-Creme:

50 g Marzipan-Rohmasse
100 g weiße Schokolade
200 g Sahne
1 geh. EL Mohn, gem.
500 g Quark, 40%

Deko: etwas Mohn

Zubereitung:

1. Granatapfel halbieren. Eine Hälfte auspressen und ca. 80 g Saft davon in den Mixtopf geben. Restliche Zutaten für die Soße zugeben und **3 Min./100°C/Stufe 2** aufkochen. Granatapfelkerne aus der anderen Hälfte lösen, in eine Schale füllen. Den heißen Saft zu den Kernen geben und abkühlen lassen.

2. Marzipan und Schokolade in Stücken **5 Sek./Stufe 6** zerkleinern. Sahne zugeben und **6 Min./50°C/Stufe 2** schmelzen.

3. Restliche Zutaten zugeben, **5 Sek./Stufe 5** verrühren und auf sechs Gläser verteilen, ca. 1 Std. kalt stellen. Vor dem Servieren mit Granatapfelsoße und Mohn dekorieren.

Zubereitungszeit:
20 Min. + Kühlzeit

Schwierigkeitsgrad:
einfach

Pro Glas: 414 kcal | 53 g KH
8 g EW | 19 g Fett

6
Gläser

Marshmallow-Creme

mit Preiselbeeren

Zutaten:

150 g Milch, 1,5%
350 g Marshmallows
250 g Ricotta
200 g Sahne

8 EL Preiselbeeren, aus dem Glas

Deko:

Mandelblättchen

Tipp
Schmeckt auch lecker mit der Granatapfelsoße auf Seite 22.

Zubereitung:

1. Milch im Mixtopf **4 Min./80°C/Stufe 2** erwärmen. Marshmallows dazugeben und **2:30 Min./80°C/Stufe 2** auflösen lassen. In eine Schüssel umfüllen und auf Zimmertemperatur abkühlen lassen. Mixtopf spülen. Ricotta unter die abgekühlte Marshmallow-Creme rühren.

2. **Rühraufsatz einsetzen.** Sahne auf **Stufe 3** steif schlagen. Zur Creme geben und mithilfe des Spatels unterheben. Creme auf die Gläser verteilen und mind. 3 Std. kalt stellen.

3. Vor dem Servieren die Preiselbeeren auf die Creme geben und mit den Mandelblättchen garnieren.

Zubereitungszeit: ca. 10 Min.
Schwierigkeitsgrad: einfach

8 Gläser

Pro Glas: 315 kcal | 25 g KH
8 g EW | 19 g Fett

Mandelgrieß

mit Punschzwetschgen

Zutaten Mandelgrieß:

150 g Mandeln
375 g Milch, 1,5%
2 TL Vanillezucker
40 g Zucker
60 g Grieß
200 g Schlagsahne

Punschzwetschgen:

150 g Glühwein*
30 g brauner Zucker
1 TL Speisestärke
250 g Zwetschgen, TK

Zubereitung:

1. Mandeln im Mixtopf **10 Sek./Stufe 10** mahlen. Umfüllen. Milch, Vanillezucker, Zucker in den Mixtopf geben und **5 Min./100°C/Stufe 1** aufkochen.

2. Mandeln und Grieß zugeben und **4 Min./90°C/ ⟲ /Stufe 2** ohne Messbecher garen. Anschließend 5 Min. quellen lassen. In eine Schüssel umfüllen und abkühlen lassen. Mixtopf spülen.

3. **Rühraufsatz einsetzen.** Sahne auf **Stufe 3** steif schlagen. **Rühraufsatz entfernen.** Sahne zum erkalteten Grieß geben und unterheben. Auf die Gläser verteilen und kalt stellen. Mixtopf spülen.

4. Glühwein, Zucker und Stärke in den Mixtopf geben und **7 Min./90°C/Stufe 2** aufkochen.

5. Gefrorene Zwetschen zugeben und weitere **6 Min./90°C/ ⟲ /Stufe 1** aufkochen. Abkühlen lassen, auf den Mandelgrieß geben und servieren.

Tipp
Wenn Sie den Mandelgrießbrei in ein kaltes Wasserbad stellen, kühlt er schneller ab!

* alkoholfreie Variante: Kinderpunsch

Zubereitungszeit: ca. 40 Min.
Schwierigkeitsgrad: einfach

Pro Glas: 384 kcal | 43 g KH
8 g EW | 14 g Fett

Prosecco-Creme

mit Himbeerkompott

6 Gläser

Zutaten Prosecco-Creme:

500 g	Prosecco
80 g	Zucker
2 P.	Puddingpulver, Sahne
250 g	Doppelrahm-Frischkäse
250 g	Quark, 40%

Himbeerkompott:

200 g	Himbeeren, TK
10 g	Vanillezucker
40 g	Zucker

Deko: Himbeeren & Minzblätter

Zubereitungszeit: ca. 20 Min.
Schwierigkeitsgrad: einfach

Zubereitung:

1. **Rühraufsatz einsetzen.** Prosecco, Zucker und Puddingpulver in den Mixtopf geben und **7 Min./100°C/Stufe 3** kochen. Mixtopfdeckel abnehmen und Pudding etwas abkühlen lassen. **Rühraufsatz entfernen.**

2. Frischkäse und Quark zugeben und **15 Sek./Stufe 4** zu einer Creme rühren. Auf 6 Gläser verteilen und ca. 1 Std. kalt stellen. Mixtopf spülen.

3. Himbeeren, Vanillezucker und Zucker in den Mixtopf geben und **6 Min./100°C/ ⟲ /Stufe 1** zu einem Kompott kochen lassen. Umfüllen. Vor dem Servieren auf die Gläser verteilen und mit Himbeeren und Minze dekorieren.

6 Gläser

Pro Glas: 383 kcal | 33 g KH
10 g EW | 23 g Fett

Weiße Mokkamousse
mit Honigfeigen

Zutaten Honigfeigen:

30 g	weiche Karamellbonbons (z.B. Muh-Muh)
30 g	brauner Zucker
1	Bio-Orange, Saft (80 g) und Schalenabrieb
200 g	schwarzer Johannisbeersaft
1 TL	Zimt
50 g	Honig
4	gr. Feigen (ca. 200 g)

Mokkamousse:

2	Eiweiß
1 Pr.	Salz
45 g	Zucker
200 g	Sahne
1 P.	Vanillezucker
100 g	gebrühter Kaffee, kalt
100 g	Milch, 1,5%
100 g	Crème fraîche
200 g	Doppelrahm-Frischkäse
1 P.	Sofortgelatine (30 g)

Zubereitung:

1. Bonbons und Zucker **10 Sek./Stufe 10** pulverisieren. Nach unten schieben. Restliche Zutaten (außer Feigen) zugeben und **10 Min./120°C/Stufe 2 (TM31: Varoma)** kochen, dabei den Messbecher nicht in das Deckelloch ein-setzen, sondern Gareinsatz als Spritzschutz auf den Mixtopf stellen.

2. Feigen waschen, in grobe Stücke schneiden und **3 Min./100°C/ ↺ /Sanftrührstufe** mitkochen. Umfüllen und 3 Std. ziehen lassen. Mixtopf spülen.

3. Für das Mousse, **Rühraufsatz einsetzen.** Eiweiß und Salz **3 Min./Stufe 3,5** steif schlagen, dabei den Zucker einrieseln lassen. In eine große Schüssel umfüllen. Mixtopf spülen.

4. **Rühraufsatz einsetzen.** Sahne mit Vanillezucker auf **Stufe 3** steif schlagen. Zum Eischnee umfüllen. **Rühraufsatz entfernen.**

5. Restliche Zutaten (außer Sofortgelatine) in den Mixtopf geben, **40 Sek./Stufe 3** einstellen, dabei die Gelatine einrieseln lassen. Kaffeecreme zur Sahne/Eiweiß geben und mithilfe des Spatels unterheben. In Dessertgläser füllen und ca. 4 Std. in den Kühlschrank stellen.

6. Feigen auf das Mousse geben und Honigreduktion darüberträufeln.

Zubereitungszeit: ca. 45 Min.
Schwierigkeitsgrad: mittel

Pro Glas: 271 kcal | 19 g KH
7 g EW | 17 g Fett

6 Gläser

Mohnjoghurt
mit Zwetschgenpüree

Zutaten Zwetschgenpüree:

300 g Zwetschgen, entsteint
35 g brauner Zucker
1 EL Vanillezucker
1 TL Balsamicoessig, dunkel
2 gestr. TL Speisestärke

Mohnjoghurt:

3 EL Mohn
40 g Marzipan-Rohmasse
500 g Rahmjoghurt, 10% Fett
15 g Honig

Deko: Gebrannte Mandeln (z.B. von Seeberger)

Tipp

Sie können die gebrannten Mandeln auch selbst herstellen:
200 g Mandeln, 10 g Butter,
80 g brauner Rohrzucker,
10 g Wasser

Mandeln, Butter und Zucker im Mixtopf **5 Min./120°C/ ↺ /Sanftrührstufe (TM31: Varoma)** rühren. Wasser zugeben und **10-12 Min./120°C/ ↺ /Stufe 1 (TM31: Varoma)** weiterrühren. Der Zucker muss sich komplett aufgelöst haben. Mandeln herrausnehmen und abkühlen lassen. Fertig!

Zubereitungszeit: ca. 20 Min. + Kühlzeit
Schwierigkeitsgrad: einfach

Zubereitung:

1. Alle Zutaten für das Püree im Mixtopf **4 Min./80°C/Stufe 2** kochen. Anschließend **30 Sek./Stufe 8-9** pürieren. Umfüllen und erkalten lassen. Mixtopf spülen.

2. Mohn **30 Sek./Stufe 10** mahlen. Marzipan zugeben und **7 Sek./Stufe 5** zerkleinern. Joghurt und Honig zugeben und **20 Sek./Stufe 3** vermengen. Auf die Gläser aufteilen. Zwetschgenpüree darauf geben.

3. Gebrannte Mandeln grob hacken und kurz vor dem Servieren auf das Püree geben.

6 Gläser

Pro Glas: 259 kcal | 38 g KH
9 g EW | 7 g Fett

Pfeffernuss Puddingcreme

Zutaten:

12	Pfeffernüsse (140 g)

für die Puddingcreme:

500 g	Milch, 1,5%
40 g	Puddingpulver, Vanille
50 g	Zucker
250 g	Quark, 40%

Zubereitung:

1. Pfeffernüsse im Mixtopf **5 Sek./Stufe 4** zerkleinern. Sollten grobe Stücke übrig bleiben, diese mit den Händen zerbröseln. ⅔ davon auf die Gläser verteilen. Restliche Brösel umfüllen.

2. Milch, Puddingpulver und Zucker in den Mixtopf geben und **6 Min./100°C/Stufe 3** aufkochen. In eine Schüssel umfüllen und an der Oberfläche mit Frischhaltefolie abdecken (damit keine Haut entsteht). Abkühlen lassen. Mixtopf spülen.

3. Quark mit Pudding im Mixtopf **30 Sek./Stufe 3,5** vermengen. Puddingcreme in die Gläser geben, und mit den restlichen Pfeffernuss-Bröseln bedecken.

Zubereitungszeit: ca. 10 Min. + Kühlzeit
Schwierigkeitsgrad: einfach

Pro Glas: 343 kcal | 36 g KH
10 g EW | 18 g Fett

6
Gläser

Winterlicher Apfelknusper

Zutaten:

65 g	Spekulatius (ca. 10 Stk.)
50 g	Zucker
50 g	Schokolade
300 g	Doppelrahm-Frischkäse
150 g	Joghurt, 3,5%
80 g	Apfelsaft
1 P.	Sofortgelatine (30 g)
100 g	Apfel, geschält
50 g	kandierte Früchte, gemischt (z.B. Zitronat, Orangeat)
½ TL	Zimt
25 g	Krokant

Deko: Schokoraspeln

Zubereitung:

1. Spekulatius im Mixtopf **5 Sek./Stufe 10** zerkleinern. Auf 6 Gläser verteilen und leicht andrücken. Mixtopf spülen.

2. Zucker **10 Sek./Stufe 10** pulverisieren. Umfüllen. Schokolade im Mixtopf **6 Sek./Stufe 6** hacken. Zum Puderzucker umfüllen.

3. Frischkäse, Joghurt und Apfelsaft in den Mixtopf füllen und **20 Sek./Stufe 4** vermengen, dabei die Sofortgelatine durch die Deckelöffnung einrieseln lassen.

4. Apfel in kleine Stücke schneiden, mit den restlichen Zutaten, Puderzucker und Schokolade in den Mixtopf geben und **15 Sek./ ↺ /Stufe 2** vermengen.

5. Masse in Dessertgläser geben und mit den Schokoraspeln dekorieren. Der Apfelknusper kann sofort gegessen werden oder im Kühlschrank bis zum Servieren aufbewahrt werden.

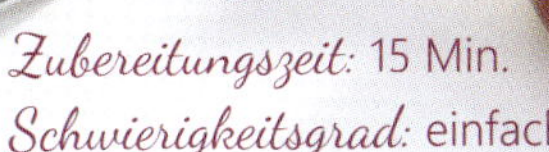

Zubereitungszeit: 15 Min.
Schwierigkeitsgrad: einfach

6 Gläser

Pro Glas: 320 kcal | 28 g KH
7 g EW | 18 g Fett

Sizilianisches Weihnachtsdessert

Zutaten:

4	Orangen
150 g	Schokoladen-Lebkuchen, in Stücken
1	Bio-Orange, Saft (80 g) und Schalenabrieb davon
2 EL	Orangenlikör* (z.B. Gran Marnier)
1 EL	Vanillezucker
1 TL	Zimt
100 g	Sahne
100 g	Mascarpone
125 g	Quark, 40%
1 TL	Honig
1 TL	Zitronensaft

Deko: etwas Orangenschalenabrieb und Kakao

Zubereitung:

1. Orangen schälen und filetieren. Lebkuchen im Mixtopf **3 Sek./Stufe 3** zerkleinern, die Hälfte davon in Dessertgläser geben und den Rest umfüllen. Mixtopf spülen.

2. Orangensaft und -abrieb, Orangenlikör, Vanillezucker und Zimt in den Mixtopf geben und **10 Sek./Stufe 5** vermischen. Lebkuchen in den Gläsern damit beträufeln und die Hälfte der Orangenfilets daraufgeben. Mixtopf spülen.

3. **Rühraufsatz einsetzen.** Sahne auf **Stufe 3** steif schlagen. **Rühraufsatz entfernen** und alles mit dem Spatel nach unten schieben. Restliche Zutaten zugeben und **10 Sek./Stufe 3** verrühren. Die Hälfte der Creme in die Gläser geben. Dann die Schichtung wiederholen.

4. Dessert mind. 4 Std. oder über Nacht kalt stellen. Vor dem Servieren mit Kakao bestäuben und mit Orangenschalenabrieb garnieren.

Zubereitungszeit: 30 Min. + Kühlzeit
Schwierigkeitsgrad: mittel

* alkoholfreie Variante: Orangensaft

Pro Glas: 565 kcal | 52 g KH
12 g EW | 34 g Fett

6 Gläser

Lebkuchencreme
mit Preiselbeeren

Zutaten:

ca. 150 g	Schokoladen-Lebkuchen
250 g	Sahne
250 g	Mascarpone
250 g	Magerquark
60 g	Zucker
½	Zitrone, Saft davon
2 TL	Lebkuchengewürz

Preiselbeer-Creme:

250 g	Wildpreiselbeeren, aus dem Glas
etwas	Orangenschalenabrieb
50 g	getr. Cranberries

Deko: Lebkuchenwürfel

Zubereitung:

1. Lebkuchen in ca. 1 x 1 cm große Würfel schneiden. Mit der Hälfte der Lebkuchen den Boden der Gläser auslegen.

2. **Rühraufsatz einsetzen.** Sahne im Mixtopf auf **Stufe 3** steif schlagen. **Rühraufsatz entfernen.** Restliche Zutaten zugeben und **30 Sek./Stufe 4** vermengen. Die Hälfte der Creme auf die Lebkuchen in die Gläser füllen. Eine Schicht Lebkuchenwürfel daraufgeben und restliche Creme darauf verteilen.

3. Preiselbeeren mit Orangenschalenabrieb und Cranberries in einer Schüssel verrühren. Nach Geschmack etwas Zucker dazugeben. Auf die Creme geben und mit ein paar Lebkuchenwürfel verzieren.

Zubereitungszeit: 10 Min.
Schwierigkeitsgrad: einfach

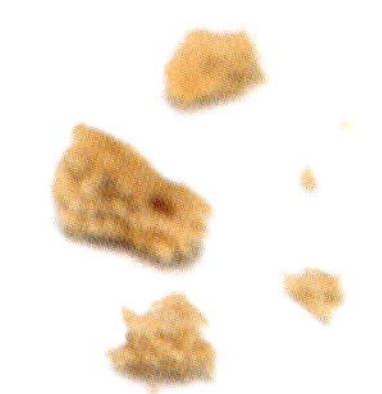

Pro Glas: 186 kcal | 17 g KH
5 g EW | 11 g Fett

Orangencreme
mit Vanilleschaum

Zutaten Orangencreme:

1	Bio-Orange, Saft (75 g) und Schalenabrieb davon
50 g	brauner Zucker
½ TL	Lebkuchengewürz
2	Eier (Gr. M)
75 g	Sahne

Vanilleschaum:

80 g	Milch, 1,5%
1	Eigelb
1 TL	Vanillezucker

Deko: Orangenschalenabrieb

Zubereitung:

1. Auflaufform mit Wasser gefüllt in den Backofen stellen und auf 175°C Ober-/Unterhitze (150°C Umluft) vorheizen.

2. Orangenschalenabrieb, Zucker und Lebkuchengewürz im Mixtopf **10 Sek./Stufe 10** pulverisieren. Eier dazugeben und **5 Min./Stufe 4** schaumig rühren.

3. Nun **40 Sek./Stufe 3** einstellen. Sahne und Orangensaft langsam durch die Deckelöffnung eingießen. Creme auf vier Gläser verteilen, in das Wasserbad stellen und ca. 1 Std. backen.

4. Orangencreme abkühlen lassen, inzwischen den Vanilleschaum zubereiten. **Rühraufsatz einsetzen.** Alle Zutaten in den Mixtopf geben und **7 Min./80°C/Stufe 4** schaumig schlagen. Auf die lauwarme Orangencreme verteilen. Mit etwas Orangenschalenabrieb bestreuen und sofort servieren.

Zubereitungszeit:
20 Min. + 1 Std. Backzeit

Schwierigkeitsgrad: mittel

Tipp
Auch ohne Vanilleschaum ein leckeres Dessert!

Pro Glas: 502 kcal | 39 g KH
10 g EW | 34 g Fett

6
Gläser

Marzipan-Trifle
mit Cranberries

Zutaten:

150 g	Schokoladen-Lebkuchen
1 Glas	Cranberries (Abtr. 340 g)
100 g	Sahne
1 EL	Zucker
100 g	Marzipan-Rohmasse
1 EL	Milch 1,5%
250 g	Mascarpone
10 g	Sofortgelatine

Deko: Raspelschokolade und Cranberries

Zubereitung:

1. Lebkuchen, in Stücken in den Mixtopf geben **3 Sek./Stufe 3** zerkleinern. Die Hälfte davon in die Gläser geben, den Rest umfüllen. Cranberries in ein Sieb geben und abtropfen lassen (Saft wird nicht benötigt). Pro Glas eine Cranberry zur Seite legen. Die Hälfte der Cranberries auf den Lebkuchen verteilen.

2. **Rühraufsatz einsetzen.** Sahne mit Zucker im Mixtopf auf **Stufe 3** steif schlagen. **Rühraufsatz entfernen.** Umfüllen. Mixtopf spülen.

3. Marzipan und Milch **12 Sek./Stufe 5** vermengen. Mascarpone zufügen und **10 Sek./Stufe 3,5** verrühren. Mit dem Spatel einmal durchrühren und nochmal **10 Sek./Stufe 3,5** verrühren. Sahne zufügen und **1:30 Min./Stufe 3** unterrühren. Gelatine durch den Mixtopfdeckel einrieseln lassen.

4. Hälfte der Creme in die Gläser füllen, die Schichtung in den Gläsern wiederholen. Mit Raspelschokolade bestreuen und mit je einer Cranberry dekorieren. Für ca. 2 Std. in den Kühlschrank geben.

Zubereitungszeit: 15 Min. + Kühlzeit
Schwierigkeitsgrad: einfach

4 Gläser

Pro Glas: 193 kcal | 22 g KH
4 g EW | 10 g Fett

Kaffee-Milchreis

mit Karamellsoße

Zutaten Milchreis:

250 g	Milch, 1,5%
15 g	Vanillezucker
1 Pr.	Salz
50 g	Milchreis
1 TL	Instant-Kaffee
100 g	Sahne

Karamellsoße:

200 g	Karamellbonbons, weich (z.B. Muh-Muhs)
100 g	Sahne
1 TL	Backkakao
1 Pr.	Salz

Deko: Schokoraspeln

Zubereitung:

1. Milch, Vanillezucker und Salz **3:30 Min./100°C/Stufe 1** aufkochen. Milchreis und Instant-Kaffee zugeben und **30 Min./90°C/ ⟲ /Stufe 1,5** ohne Meßbecher garen. Umfüllen und abkühlen lassen. Mixtopf spülen.

2. **Rühraufsatz einsetzen.** Sahne auf **Stufe 3** steif schlagen, zum abgekühlten Milchreis geben und mithilfe des Spatels unterheben. **Rühraufsatz entfernen.** Mixtopf spülen.

3. Karamellbonbons im Mixtopf **5 Sek./Stufe 8** mahlen. Restliche Zutaten zugeben und **9 Min/60°C/Stufe 3** schmelzen.

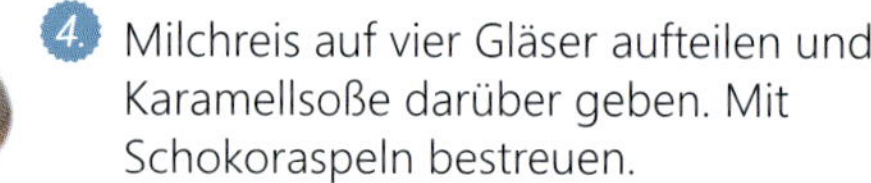

4. Milchreis auf vier Gläser aufteilen und Karamellsoße darüber geben. Mit Schokoraspeln bestreuen.

Zubereitungszeit: ca. 50 Min. (inkl. Kochzeit + Kühlzeit)

Schwierigkeitsgrad: einfach